WEG

ENGEL

TÜR

MANN / WIRT

ESEL

MENSCHEN

FUß

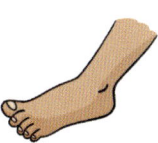

STROH

ZIMMERMANN

STADT

STALL

Für Diakon Stefan Frede –
mit großer Dankbarkeit für sein Fachwissen zu
diesem Buch und noch größerer für unsere
langjährige kostbare Freundschaft.

© Verlag Herder GmbH, Freiburg im Breisgau 2022
Alle Rechte vorbehalten
www.herder.de
Gesamtgestaltung: Nadine Clemens, München
Druck: Graspo, Zlin
Gedruckt auf umweltfreundlichen chlorfrei gebleichtem Papier
Printed in the Czech Republic
ISBN 978-3-451-71583-9

MICHAELA HANAUER

In einem Stall in Betlehem …

DIE WEIHNACHTSGESCHICHTE IN BILDWÖRTERN

MIT ILLUSTRATIONEN
VON ANGELA GLÖKLER

HERDER

FREIBURG · BASEL · WIEN

Vor sehr langer Zeit lebten in der  Nazaret

eine Frau und ein Mann. Sie hießen Maria  und Josef  .

 war zwar ein fleißiger  . Dennoch besaßen die

beiden nicht viel . Aber sie hatten sich sehr lieb

und wollten bald heiraten.

An einem Tag, noch vor der Hochzeit, erschien  ein

 . Der sagte zu ihr: „Sei gegrüßt! Gott ist mit dir!

Du bist auserwählt worden!"

Zuerst erschrak  ein bisschen und verstand nicht, was der

 meinte. Deshalb erklärte der  :

„Du wirst bald ein  bekommen. Es wird der  der

 , nämlich der Sohn Gottes, sein. Und du sollst

ihn Jesus nennen."

Tatsächlich war  kurz darauf schwanger. Doch gerade da

beschloss der Kaiser Augustus, dass die  in

seinen vielen Ländern gezählt werden sollen.

Dafür musste jeder in die  zurückkehren,

in der er geboren worden war.

Also blieb  nichts anders übrig, als nach Betlehem

zu reisen.

Seine Frau

begleitete ihn.

Weil sie die meiste Zeit zu  gehen mussten,

war der  ganz schön weit. Für die

schwangere  war es besonders anstrengend.

Als sie endlich ankamen, fanden sie keine Unterkunft mehr.

 und  klopften an jede  .

Aber alle  waren schon belegt.

Endlich bot ihnen ein  wenigstens seinen

zum Schlafen an.

Brav trat ein  beiseite, damit  und  sich

ins  legen konnten.

Ausgerechnet in dieser  war es so weit:

 bekam ihr  .

Wie der

es gesagt hatte, nannten sie das

Jesus.

Liebevoll wickelten sie es in 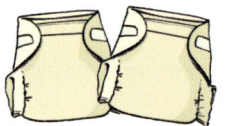 .

Ein  überließ ihm seine  , damit  und

 es hineinlegen konnten.

So waren  und  die ersten Freunde,

die Jesus fand.

Denn alle  ,  und  schliefen noch.

Fast alle! Bis auf die  . Sie hüteten draußen auf

der  ihre  , als ein  zu

ihnen trat. Die  erschraken. Doch der

sagte: „Fürchtet euch nicht, sondern freut euch! Heute ist Jesus

geboren worden, um alle  zu retten."

Und plötzlich fingen überall am Himmel unzählige

an zu singen. In ihrem Lied lobten sie Gott, weil er seinen Sohn

auf die  geschickt hatte.

Die  freuten sich, dass sie es als Erste erfahren

hatten, obwohl sie doch nur einfache  waren.

Natürlich wollten sie das  sofort sehen. Sie suchten

den  und fanden  und  mit dem  in

der  . Die  schlossen Jesus sofort in ihr Herz.

Der  hatte also wirklich recht!

Und am nächsten Tag erzählten die  stolz überall:

„Stellt euch vor, heute

ist Gottes Sohn geboren worden!"

In einem fernen Land – das man Morgenland nennt, weil dort

die  zuerst aufgeht – bemerkten drei weise

einen ungewöhnlichen  am Himmel.

Der  hatte einen langen  . Das war so

selten, dass die drei weisen  vermuteten, ein

könnte geboren worden sein.

Die drei weisen  machten sich auf den  ,

um den neuen  zu suchen.

In der  Jerusalem fragten sie überall nach

ihm. Das bekam auch der  Herodes mit, der in dem

Land herrschte.

Er ließ die drei weisen  zu sich bringen. Als sie ihm von

dem neuen  erzählten, spitzte er die 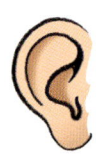 .

Wollte dieser neue  ihm etwa sein Land wegnehmen?

Das würde er verhindern!

Er ließ sich aber nichts anmerken, sondern bat die drei

weisen  :

„Kehrt zu mir zurück, wenn ihr den neuen

gefunden habt. Ich möchte ihn auch besuchen und ehren!"

Die drei weisen  erreichten die

Betlehem.

 Sie staunten nicht schlecht, dass der  der

in einem einfachen  auf die

gekommen war. Trotzdem erkannten sie ihn und knieten vor ihm

nieder. Dann überreichten sie, was sie auf ihren

mitgebracht hatten:

 und andere wertvolle Geschenke:  und ein

mit Balsam aus Myrrhe, die sogar heilende Kräfte besaßen.

Das  lächelte glücklich im Schlaf.

In der  hatten die drei weisen  einen

Traum. Gott selbst warnte sie, nicht zu  Herodes

zurückzukehren und ihm nichts von dem  zu

erzählen. Die drei weisen  hielten sich daran.

Sie wählten einen anderen  zurück in ihr Land.

Und so konnte aus dem kleinen  der große Jesus werden,

dessen Geburt auch heute noch an Weihnachten die Christen

auf der ganzen  feiern.

WIESE / WEIDE

FRAUEN

STERN

ENGEL

WINDELN

TÖPFCHEN / GEFÄß

HIRTEN

WELT / ERDE

MÄNNER

STADT

OHREN

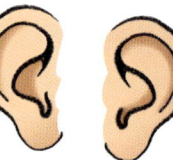